ALEXIS DE GARAUDÉ
(MEMBRO DO CONSERVATÓRIO DE PARIS)

SOLFEJOS
Op. 27

Para Escolas Primárias, Secundárias e Conservatórios

Revisão de
Vicente Aricó Junior

Nº Cat.: 23-M

Irmãos Vitale S.A. Indústria e Comércio
www.vitale.com.br
Rua França Pinto, 42   Vila Mariana   São Paulo   SP
CEP: 04016-000 Tel.: 11 5081-9499 Fax: 11 5574-7388

© Copyright 1953 by Irmãos Vitale S.A. Ind. e Com. - São Paulo - Brasil
Todos os direitos autorais reservados para todos os países. *All rights reserved.*

Dados Internacionais de Catalogação na Publicação (CIP)
(Câmara Brasileira do Livro,SP,Brasil)

Garaudé, Alexis de
　Solfejos, op. 27 : para escolas primárias, secundárias e conservatórios / Alexis de Garaudé; revisão de Vicente Aricó Junior. -- -- São Paulo : Irmãos Vitale

1. Música - Estudo e ensino 2. Música - Teoria   3. Solfejo I. Título.

ISBN 85-85188-18-9
ISBN 978-85-85188-18-4

96-3327   CDD - 780.7

Indices para catálogo sistemático:

1. Solfejos : Estudo e ensino   780.7

SOLFEJOS

OP. 27

REVISÃO DE
V. ARICÓ JUNIOR

ALEXIS DE GARAUDÉ

(*) A música escreve-se sobre uma PAUTA com as sete notas: *DÓ, RE, MI, FA, SOL, LA, SI*.

Chama-se PAUTA a reunião de cinco linhas paralelas horizontalmente traçadas, e que por conseqüência contém quatro espaços.

EXEMPLO

5ª linha	
4ª linha	4º espaço
3ª linha	3º espaço
2ª linha	2º espaço
1ª linha	1º espaço

A posição das notas é indicada pela *clave* segundo é ela colocada sobre tal, ou tal linha a quem dá o seu nome.

Há três claves: a de SOL,-𝄞- que se assenta na segunda linha; a de *DÓ*,- 𝄡 - que se coloca na primeira, segunda, terceira e quarta linha; a de *FA*,- 𝄢 :- que se põe sobre a terceira e quarta linha.

O fim desta diversidade de claves é o de poder escrever na *pauta* toda a extensão dos sons das diferentes vozes e instrumentos, desde os mais graves até aos mais agudos.

Sendo estes SOLFEJOS consagrados especialmente ao uso da clave de *Sol* e de *Fa*, na quarta linha, limitar-me-ei às explicações que lhes dizem respeito.

(*) *Tenho omitido neste opúsculo os partes do texto, que só o mestre pode explicar. Portanto é indispensável que o professor tenha presente um exemplar da grande edição, com acompanhamento de piano, pois que este pequeno formato é somente destinado às classes numerosas.*

© Copyright 1953 by Irmãos Vitale S/A. Ind. e Com.-São Paulo-Rio de Janeiro-Brasil.
Todos os direitos autorais reservados para todos os países-All rights reserved.

A nota posta sobre a primeira linha, chama-se *MI:* sobre a 2.ª linha *Sol*, na 3.ª *Si*, na 4.ª *Re*, e na 5.ª *Fa*.

EXEMPLO.

Exercício para conhecer estas cinco notas.

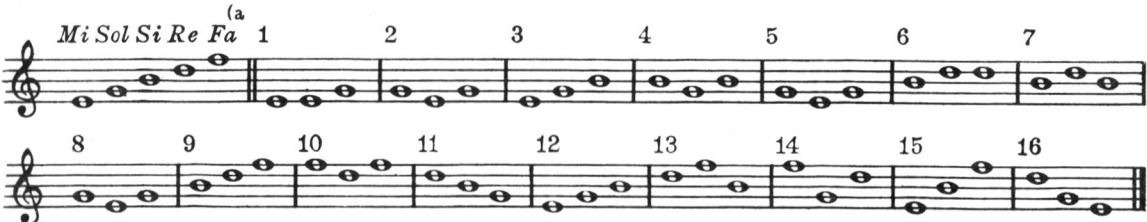

A nota colocada sobre o 1.º espaço, chama-se *Fá*, no 2.º *La*, no 3.º *Dó*, e no 4.º *Mi*.

EXEMPLO.

Exercício para conhecer estas quatro notas.

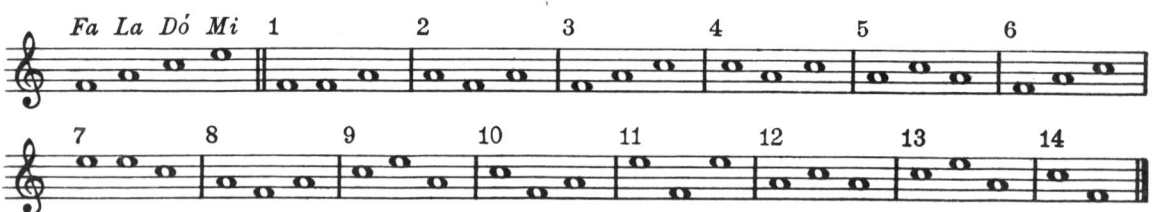

Exercício reunindo todas as notas das cinco linhas e dos quatros espaços:

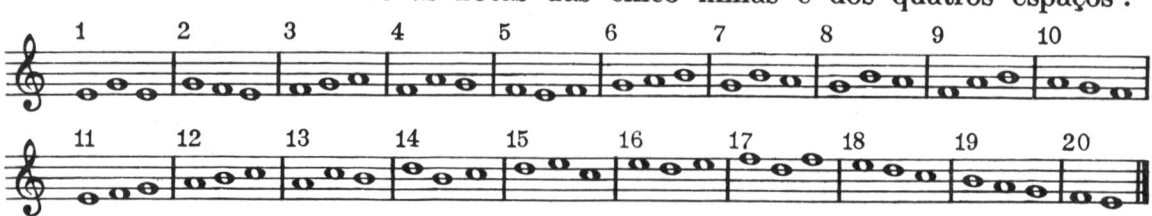

Pode-se escrever outras notas acima e abaixo da pauta, mediante pequenas linhas que se colocam acima ou abaixo da pauta e que se chamam adicionais superiores ou inferiores. Logo abaixo da *Pauta*, está o *Re*, na 1.ª linha inferior *Dó*, abaixo *Si*, na 2.ª linha *La*, abaixo *Sol*.

EXEMPLO.

Exercício para estudar as notas inferiores.

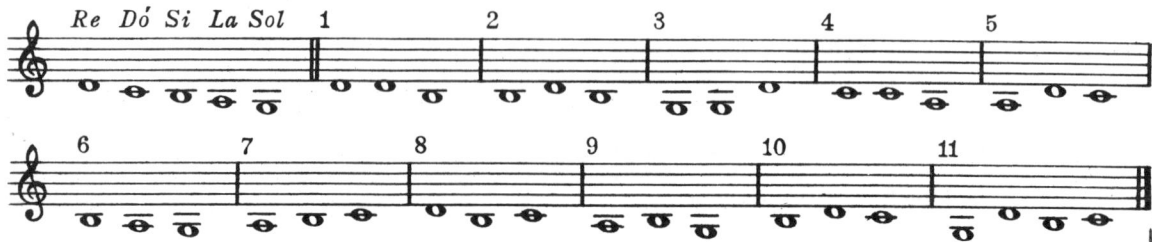

a) Para a leitura de notas em aulas coletivas, resolvemos separar por barras numeradas as notas à serem lidas, assim facilitando a tarefa do professor.

A nota posta logo acima da pauta, chama-se *Sol;* na 1.ª linha adicional, *La;* acima *Si;* na 2.ª linha *Dó;* acima *Re;* na 3.ª linha *Mi;* acima *Fa*, etc.

Exercício para estudar todas as notas adicionais superiores.
EXEMPLO.

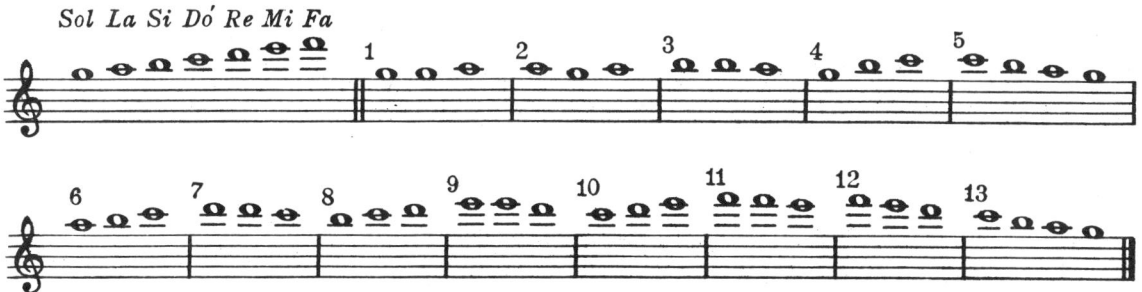

Exercício para estudar todas as notas da clave de *Sol*.

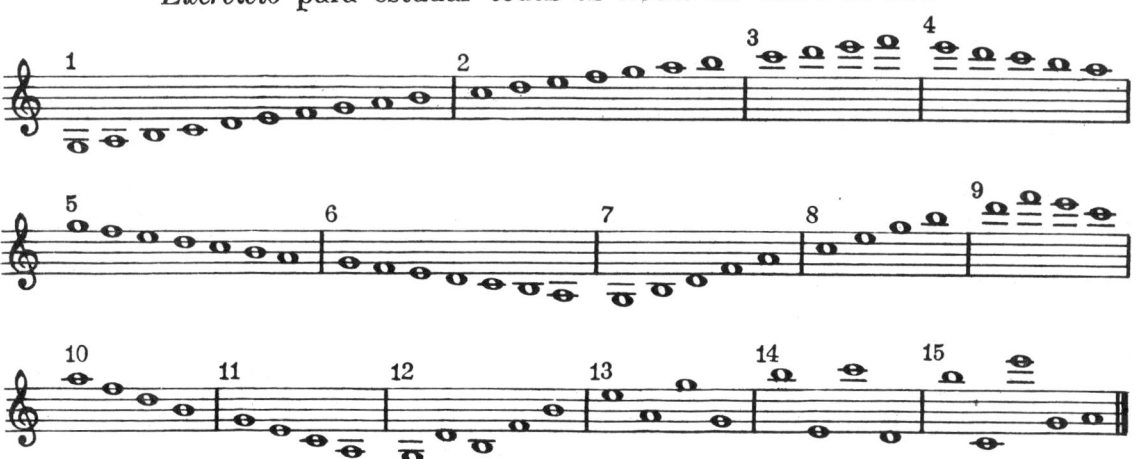

Para se evitar a confusão que resultaria da acumulação de linhas adicionais superiores, usa-se colocar por cima das notas da pauta este sinal 8^a......, que indica que devem ser executadas uma oitava superior até a palavra *loco*, ou cessar o rastilho ou então emprega-se uma nova clave chamada *clave d'oitava*

EXEMPLO

A leitura musical oferece duas principais dificuldades na apreciação do efeito das notas: a duração ou valor, e a entoação relativamente à distância que guardam entre si, ao que se chama intervalo (V. pag. 11).

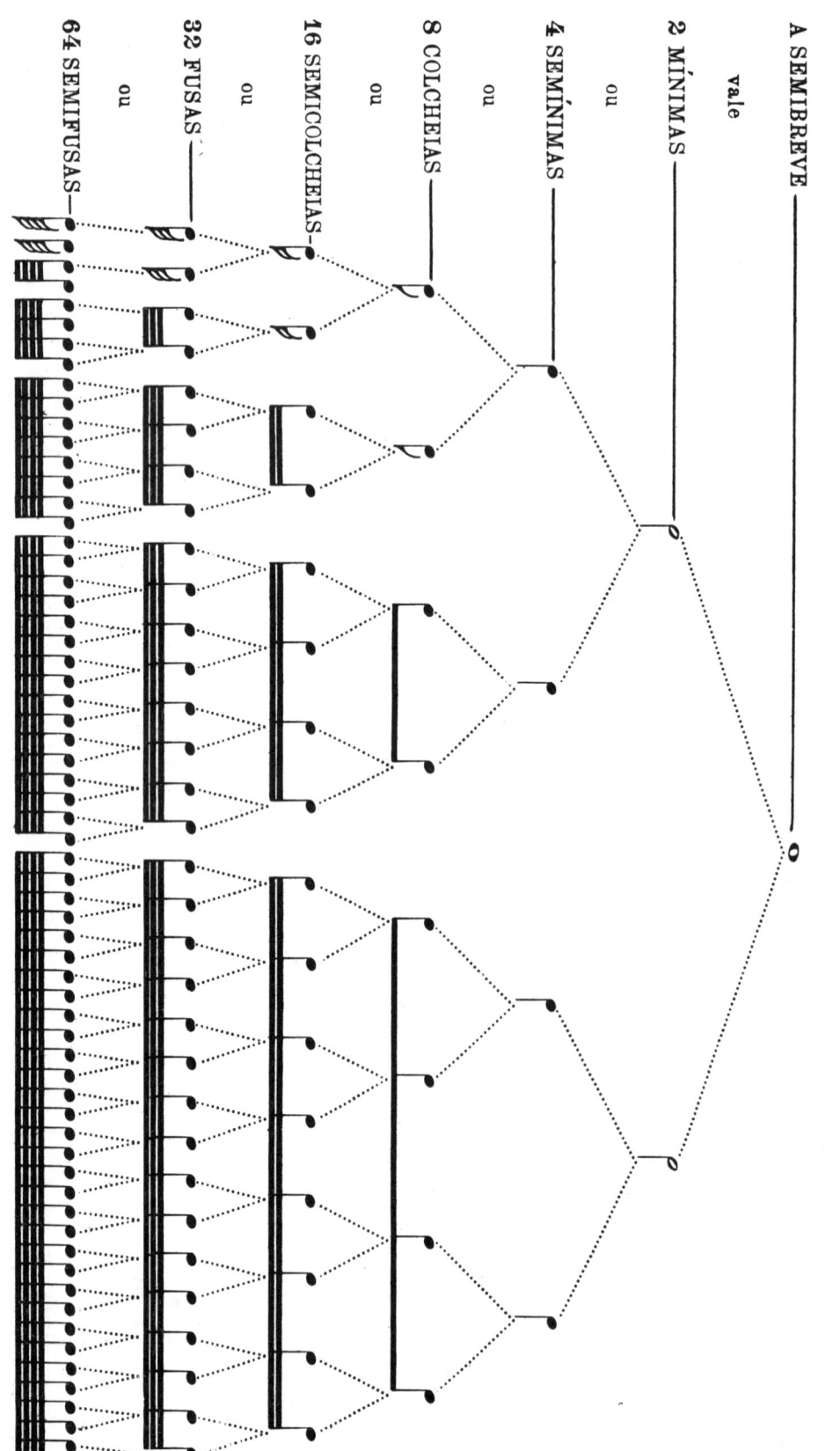

Os valores das notas também podem ser representados por figuras de silêncio que se chamam PAUSAS. Tais são: pausa de SEMIBREVE, de MÍNIMA, de SEMÍNIMA, de COLCHEIA, de SEMICOLCHEIA, de FUSA e de SEMIFUSA.

As pausas de muitos compassos, indicam-se por barras sobrepostas de algarismos, que significam o número de compassos que devem passar em silêncio.

Entende-se por compasso o espaço compreendido entre duas barras verticais e que contém as notas ou pausas devidas a cada um.

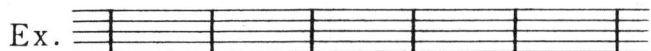

Chama-se MARCAR O COMPASSO, ao movimento que descreve a mão ou o pé, dividindo igual e exatamente os tempos de cada compasso. Esta divisão deve ser feita com muita exatidão, afim de conseguir que o discípulo venha a ser um bom músico; é preciso igualmente evitar os grandes movimentos, no marcar do compasso.

Há três espécies de compasso: QUATERNÁRIO, que contém 4 tempos, TERNÁRIO, que contém 3 tempos e o BINÁRIO que contém 2 tempos, os quais se marcam da maneira abaixo indicada.

DO ESTUDO DO SOLFEJO E DA RESPIRAÇÃO

A *leitura musical* é o primeiro e o mais importante de todos os estudos relativos a esta arte; o grau de perfeição que nela se pode obter é a base do futuro sucesso do discípulo, e o único meio de consegui-lo é trabalhar com muito cuidado e atenção em tudo o que se relaciona com o Solfejo.

Solfejar, significa cantar os nomes das notas, observando rigorosamente os seus diferentes valores, dividindo com muita igualdade os tempos do compasso e tão regularmente como a pendula de um relógio, e continuando assim até ao fim da peça sem alterar o movimento, em qualquer sentido que seja.

Sendo o único fim do Solfejo executar perfeitamente os valores das notas e seus intervalos, é inutil e prejudicial cantar com voz forte, porque fatiga o peito e destroi a voz. Contudo o mestre deve observar, com muito cuidado, que o som seja emitido naturalmente, com pureza e sem que produza efeito nasal, gutural e desagradável.

Os nomes das notas devem ser articulados nítidamente, dando às vogais o verdadeiro som que devem ter. Fazendo adquirir este bom hábito aos discípulos, obtem eles para o futuro imensa vantagem na correta pronúncia, indispensável a um bom cantor.

Há pessoas que tendo a voz falsa não podem cantar e por isso se destinam ao estudo de algum instrumento; todavia para que adquiram o necessário conhecimento da música, se lhes fará solfejar este método marcando o compasso e nomeando as notas.

A respiração é uma espécie de pontuação musical. Usando dela sem discernimento far-se-ão numerosos contrasensos nas frases musicais de qualquer gênero de música vocal.

Na música existem frases como no discurso, dividindo-se elas em diversos períodos e diversos membros.

A frase musical é ordinariamente composta de quatro compassos, muitas vezes de dois e algumas vezes de três.

É de regra não respirar senão no fim da frase, pois que aí termina o sentido das idéias que a compõem; todavia se pode tomar *meia respiração* depois de cada membro da frase, aonde se toleram pequenos repousos intermediários. Tenho multiplicado estas meias respirações nesta obra, por ser destinada a meninos ou a pessoas ainda novas e que por conseqüência tem o peito fraco. A respiração deve ser tomada naturalmente e sem ruido, assim como deve evitar-se o tomá-la no último momento.

Nas seguintes lições deve-se respirar somente nos lugares marcados com uma vírgula (,), sinal convencional para indicar a respiração, ou então nas pausas.

(*) DA ESCALA.

Chama-se escala à uma série de notas de graus conjuntos, que sobem ou descem em sua ordem sucessiva, desde a *tônica* ou primeira nota do tom, até a sua oitava. Este tom é indicado na clave por sustenidos ou bemóis aí colocados. Quando a clave não tem nenhum destes acidentes, o tom é de *Dó* maior ou de *La* menor. Isto será explicado mais tarde. Por enquanto é suficiente saber que no tom de *Dó maior* ajuntando as sete notas *Dó, Re, Mi, Fa, Sol, La, Si*, a repetição da primeira nota *Dó*, fica constituida a escala diatônica, subindo e descendo. Estas notas guardam entre si um intervalo de *tono* ou *semi-tono*. Uma escala maior contém sempre 5 tonos e 2 semitonos. O primeiro semitono acha-se da 3.ª a 4.ª nota e o segundo da 7.ª a 8.ª. Um tono contém nove *comas: coma* é a 9.ª parte de um tono.

(*) V. o Grande formato pág. 10.

ESCALA de *DÓ maior*. COMPASSO QUATERNÁRIO, a 4 tempos.

Nº 1

A mesma ESCALA com duas Mínimas, que valem cada uma dois tempos.

Nº 2

A mesma ESCALA em Mínimas e suas pausas, que valem dois tempos cada uma.

Nº 3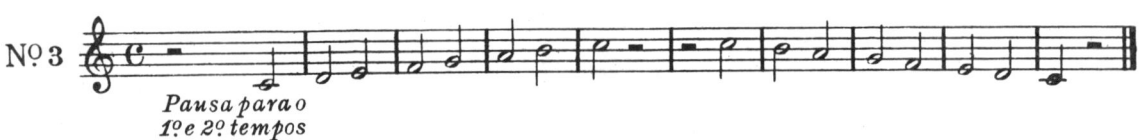

Pausa para o 1º e 2º tempos

A mesma ESCALA com Semínimas e suas pausas, valendo cada uma um tempo.

Nº 4

ESCALA em Semibreves e Mínimas.

Nº 5

ESCALA em Semibreves e Semínimas.

Nº 6

ESCALA em Mínimas e Semínimas.

Nº 7

---

(1) Nestas primeiras nove lições deixamos de indicar a respiração, porque sendo em escala não há frases à dividir.

O BRAÇO - } ou [serve para reunir duas ou mais partes, para serem lidas como se fossem uma só parte.

(2) PAUSA FINAL ‖ indica a terminação de uma peça, mas quando é acompanhada de dois pontos ‖: :‖ indicando eles que a música deve ser repetida, no lado em que eles estão marcados.

ESCALA em Semibreves, Mínimas e Semínimas.

Nº 8

ESCALA em Semibreves, Mínimas e Semínimas.

Nº 9

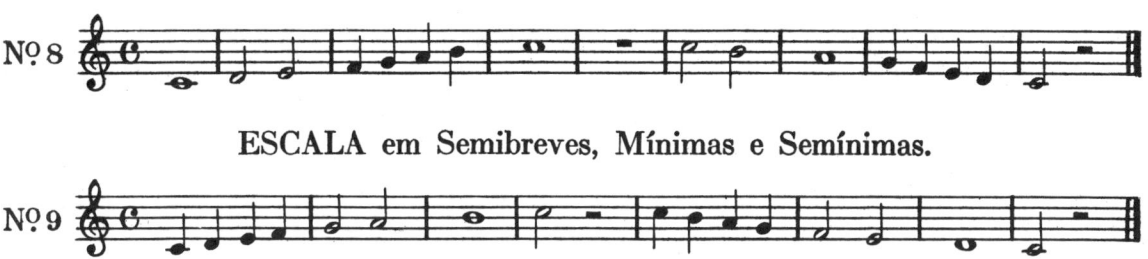

DOS INTERVALOS NATURAIS.

Chamam-se assim os intervalos que não diferem da escala de um tom qualquer, indicado na clave. Intervalo é a distância que há de uma a outra nota. Esta distância se compõe de tonos e semitonos.

Consistindo a perfeita entoação ou afinação no conhecimento dos intervalos, torna-se o seu estudo indispensável para a leitura musical. É pois necessário habituar o aluno a apreciá-los teórica e praticamente. Nas seguintes lições empregaremos somente os intervalos naturais na escala de *Dó* maior. Mais tarde trataremos dos intervalos alterados por sustenidos ou bemóis.

O intervalo de *Segunda* compõe-se de um tono; o de *Terceira* de dois tonos; o de *Quarta* de dois tonos e meio; o de *Quinta* de três tonos e meio; o de *Sexta* de quatro tonos e meio; o de *Sétima* de cinco tonos e meio; finalmente, o intervalo d'*oitava* contém cinco tonos e dois semitonos.

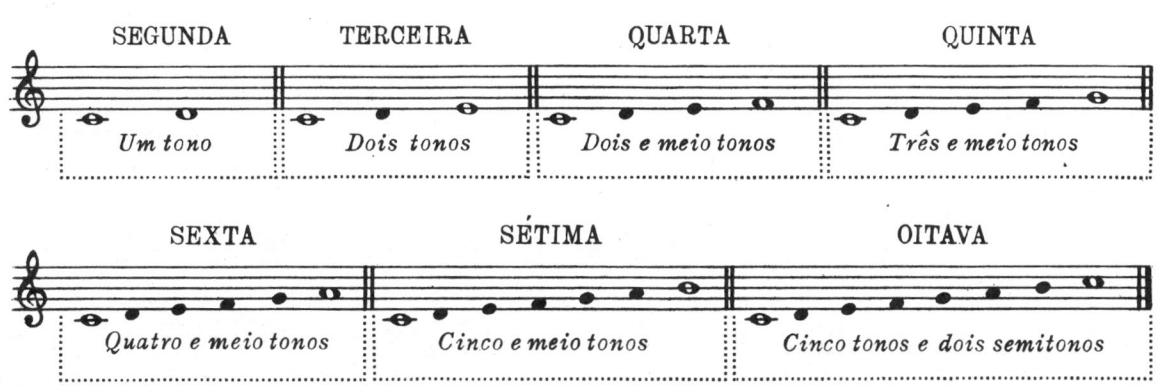

EXERCÍCIOS SOBRE OS INTERVALOS NATURAIS.

1.º EXERCÍCIO sobre o intervalo de *Segunda* maior o qual se compõe de um tono ou de um semitono, quando a segunda é menor.

Compasso quaternário com uma Mínima ou sua pausa para dois tempos.

Nº 10

Nº 11

2.º EXERCÍCIO sobre o intervalo de 2.ª com uma Semínima para cada tempo.

3.º EXERCÍCIO sobre o intervalo de 2.ª com Semibreve, Mínimas e Semínimas.

Nº 12

4.º EXERCÍCIO sobre o intervalo de *Segunda*

Compasso binário. Uma Mínima ou sua pausa para cada tempo.

Nº 13

(a) Esta indicação de compasso pela cifra 2 é moderna, corresponde ao tempo de capela ou quaternário partido ¢ Nota do tradutor.

Com estes exercícios o Mestre experimentará o discípulo se está seguro na afinação ou entoação destes intervalos.

EXEMPLO.  O discípulo entoará o intervalo de segunda superior e inferior em cada uma destas notas.

Far-se-á o mesmo nos intervalos de *Terceira, Quarta, Quinta* etc. mas depois que ele os tiver percorrido.

1.º EXERCÍCIO sobre o intervalo de *Terceira* maior, composto de dois tonos ou de um tono e meio, quando a 3.ª é menor.

2.º EXERCÍCIO sobre o intervalo de *Terceira*.

3.º EXERCÍCIO em *Terceiras* diretas.
Compasso binário. Uma Mínima ou duas Semínimas para cada tempo.

(*) DO PONTO AUMENTATIVO.

3.º EXERCÍCIO no intervalo de *Quintas* com Mínimas pontuadas. O ponto aumenta metade do valor da nota a que está unido; por isso uma Mínima pontuada vale três tempos.

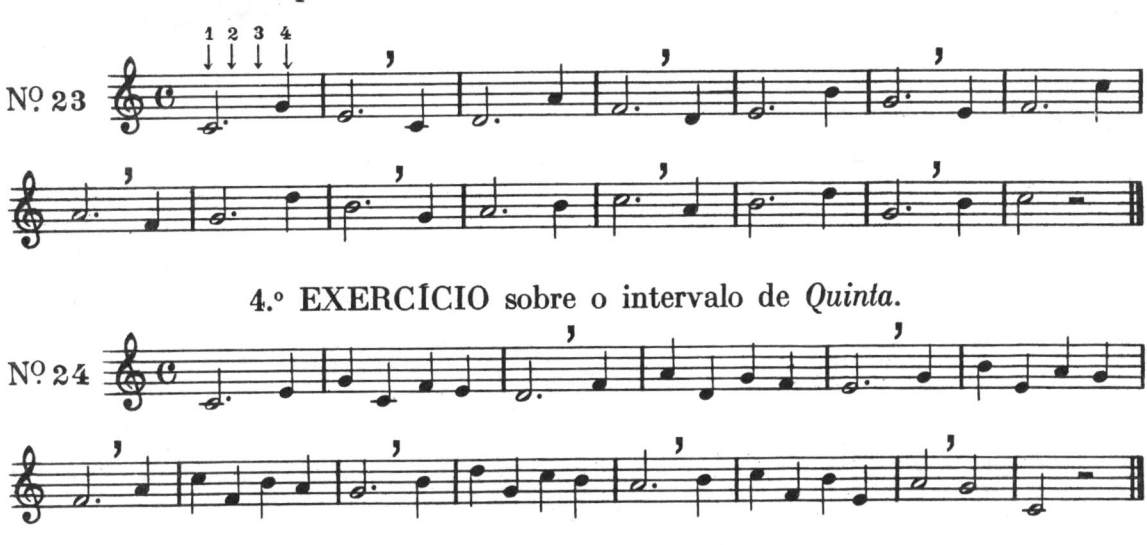

COMPASSO BINÁRIO.

5.º EXERCÍCIO em *Quintas* diretas.
Uma Mínima ou sua pausa para cada tempo.

(*) 1.º EXERCÍCIO sobre o intervalo de *Sexta* com uma pausa de Semínima no 3.º tempo do compasso.

Este intervalo, sendo maior, tem quatro tonos e meio.

2.º EXERCÍCIO em *Sextas*.
Compasso binário: uma Mínima ou duas Semínimas para cada tempo.

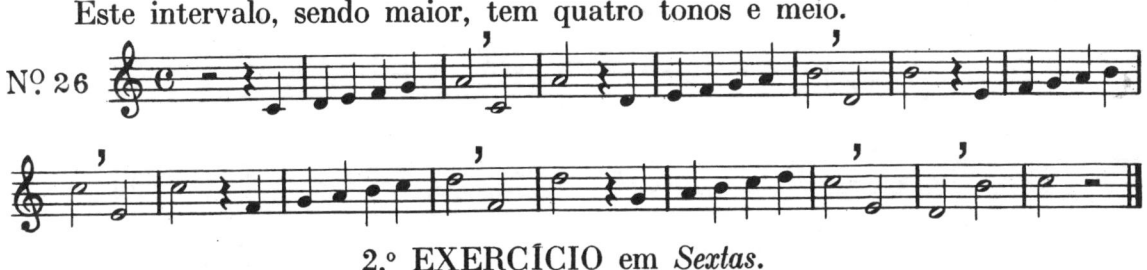

(*) V. o Gr. Form. pág. 19.

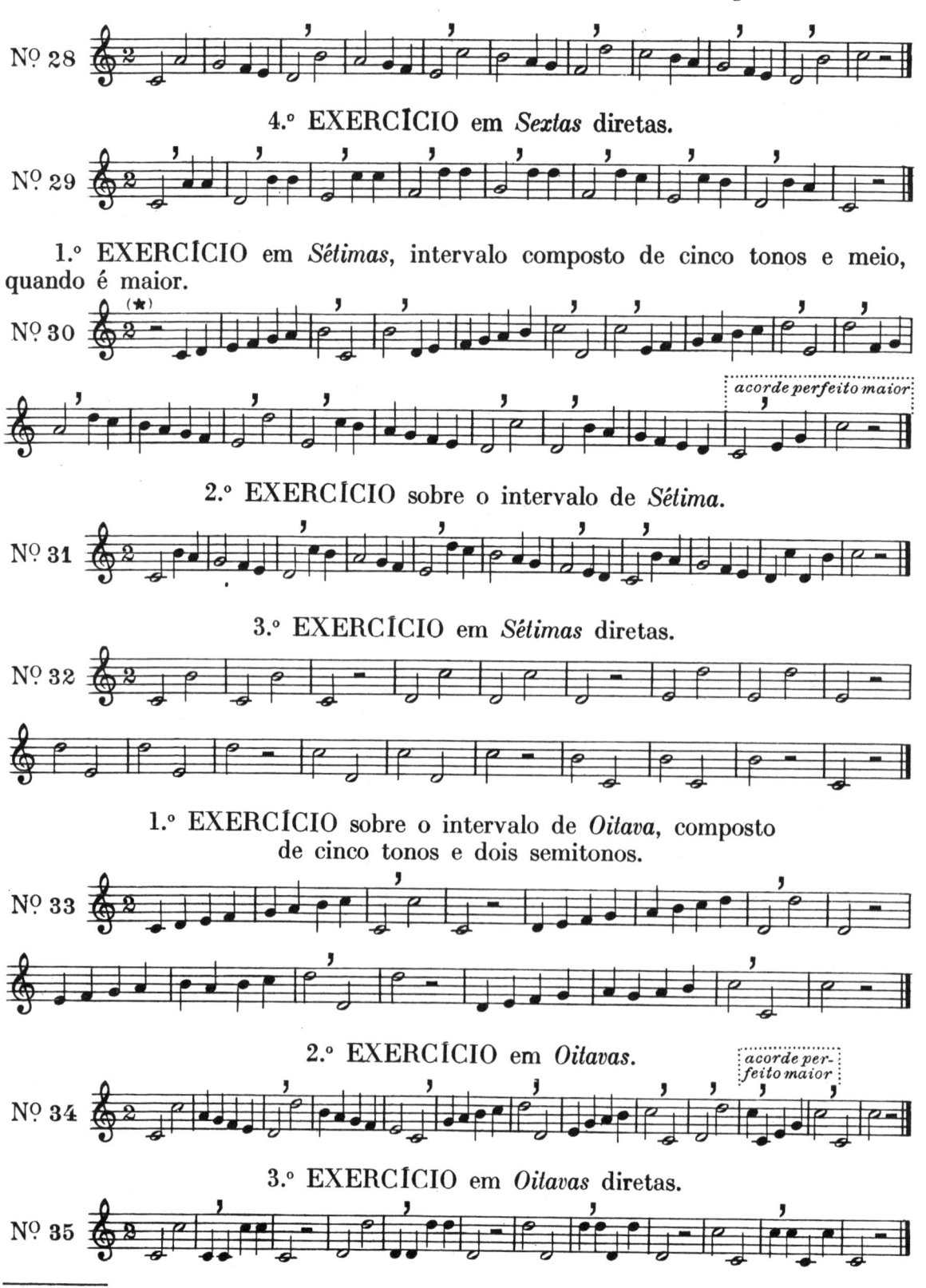

EXERCÍCIO para a recapitulação dos sete precedentes intervalos.

Nº 36

EXERCÍCIO em todos os intervalos naturais.

Nº 37

EXERCÍCIO para familiarisar-se com o 1.º Sustenido ♯ Fá e o Bequadro ♮

(*N. B.*) Até o N.º 63 inclusive, estão os Solfejos no *tom* de *Dó maior*. A página 35 se dirá o que é *tom*. Grande parte destes Solfejos não trazem indicado o *Movimento*. O mestre lhes dará o mais apropriado ao progresso e a habilidade do discípulo. Geralmente toma-se um movimento lento até que o aluno o possa pouco a pouco levar ao movimento marcado.

Nº 38

Nº 39

DIVERSAS COMBINAÇÕES DE *Valores de notas* nos compassos: BINÁRIO e QUATERNÁRIO.

N. B. Algumas das seguintes lições levam a dupla indicação de Quaternário e Binário; é conveniente que o aluno se acustume a marcar o compasso de ambos os modos.

(*) V. o Gr. Form. pág. 25.

Nº 59

Nº 60

SEMIBREVES, MÍNIMAS, SEMÍNIMAS E COLCHEIAS.

Nº 61

RECAPITULAÇÃO dos Ns. 53 a 61.

Nº 62

DOS INTERVALOS ALTERADOS,
E DOS SINAIS DE ALTERAÇÃO.

Os Sustenidos e Bemóis, colocados juntos as notas elevam ou abaixam a entoação um *Semitono:* por consequência alteram os intervalos naturais da escala, introduzindo-lhes outros *Semitonos, Diatônicos* e *Cromáticos.*

Chama-se *Semitono diatônico* ou *maior* aquele que é formado de duas notas de nomes diferentes; e *Semitono cromático* ou *menor* o de duas notas do mesmo nome.

EXEMPLOS:

Semitonos diatônicos ou maiores.   Semitonos cromáticos ou menores.

Cada intervalo pode ser *maior, menor, justo aumentado*, ou *diminuto*, conforme o número de tonos ou semitonos, do que resulta haverem três espécies de Segundas, de Terceiras, de Quartas, etc.

Os intervalos naturais ou alterados podem ser invertidos, isto é, colocar a sua parte aguda no lugar da parte grave e *vice versa*, então o unísono torna-se *oitava*, a Segunda, *Sétima*, a Terceira *Sexta*, etc. No seguinte exemplo vão as diversas alterações e inversões dos intervalos.

Exemplo numérico da inversão dos intervalos { 1 *ou* unísono 2ª 3ª 4ª 5ª 6ª 7ª 8ª / 8ª   7ª 6ª 5ª 4ª 3ª 2ª 1 } Os intervalos desta 1ª linha produzem os da 2ª e vice versa

Os sinais que alteram os sons são: *Sustenido* (♯) que levanta a entoação da nota um semitono; *Bemol* (♭) que abaixa um semitono, e o *Bequadro* (♮) que a restitue ao seu estado precedente.

EXEMPLOS: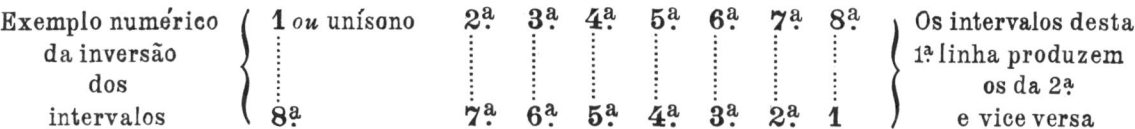

Há sete Sustenidos que se colocam por 5ªs. subindo e por 4.ªs descendo; e sete Bemóis que se colocam por quartas subindo e por quintas descendo.

EXEMPLOS:

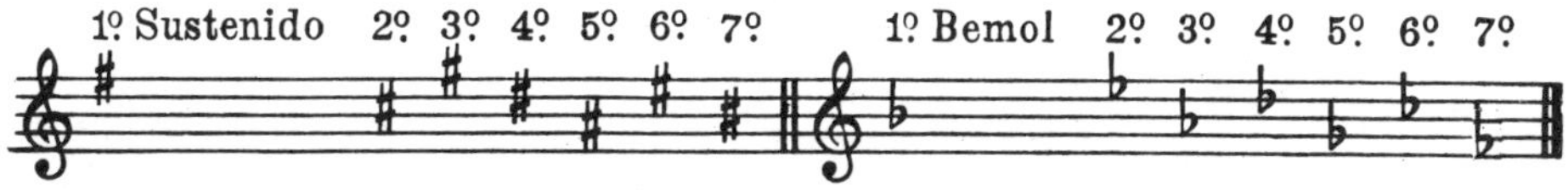

O efeito do dobrado Sustenido (♯♯)(𝄪) é levantar um tono ou ½ tono à nota já alterada pelo sustenido.

O do dobrado Bemol (♭♭) é baixar um tono, ou ½ tono á nota já alterada pelo bemol.

EXEMPLOS:

Quadro dos INTERVALOS e suas INVERSÕES

Os discípulos devem estudar e analisar este quadro, do qual resultam as seguintes três regras:

1.ª) Todo o intervalo *maior* torna-se *menor*, quando invertido, e todo o *menor* torna-se *maior*.

2.º) Todo o intervalo *aumentado* torna-se *diminuto* e o *diminuto, aumentado*.

3.º) Todo o intervalo *justo* permanece *justo*.

Nos intervalos naturais os semitonos são sempre maiores ou diatônicos; nos intervalos alterados aparece muitas vezes uma outra espécie de semitonos que se chamam *cromáticos*.

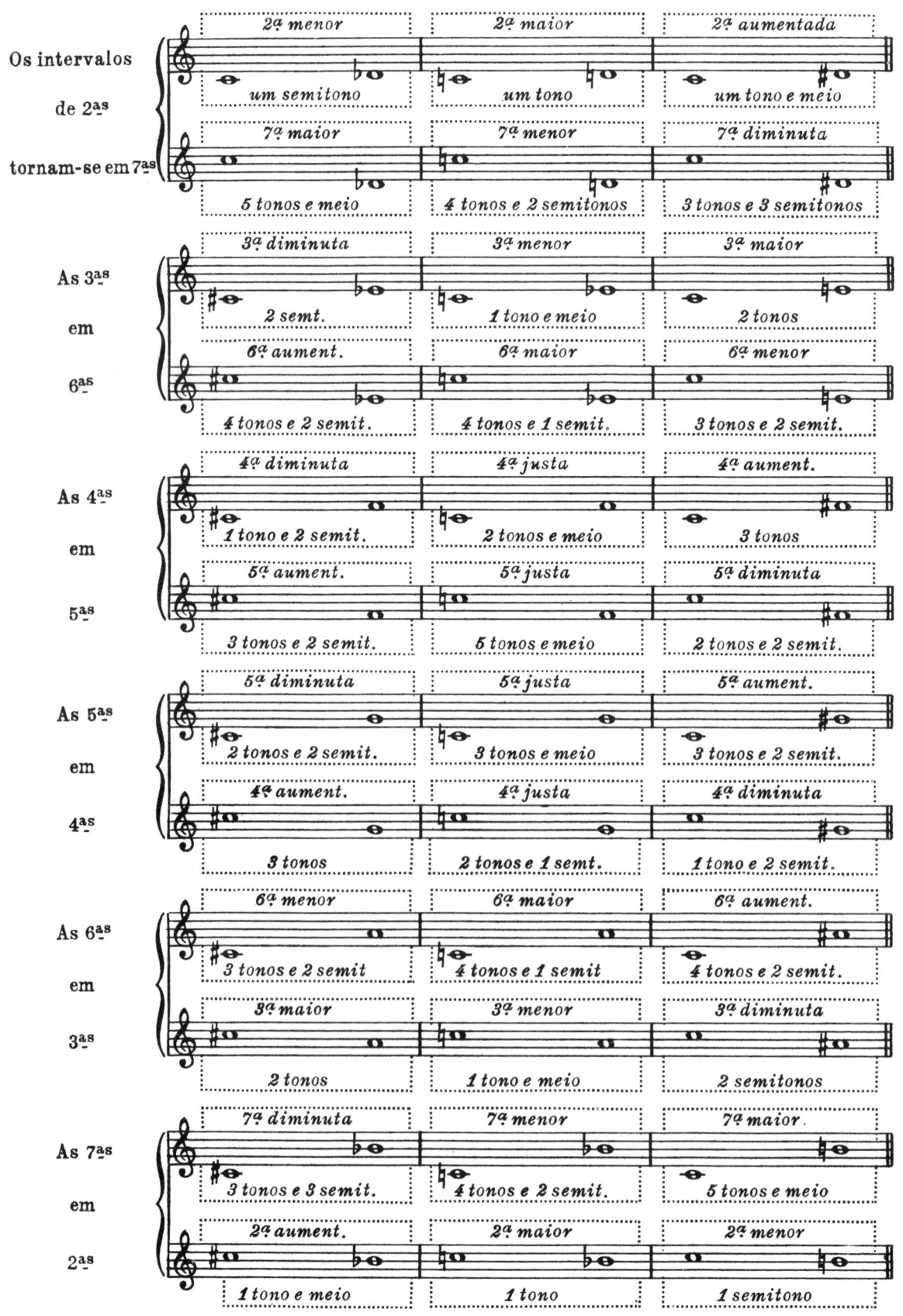

A sucessão de sustenidos e bemóis produz algumas vezes os sons chamados *enarmônicos* ou *sinônimos;* consistem eles em serem duas notas de nomes diversos, mas com a mesma entoação, o que no piano é produzido por uma só tecla; contudo diferem elas realmente entre si uma pequena parcela de tono chamada *coma* ou nona parte de tono.

EXEMPLO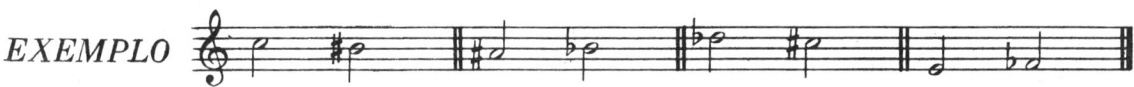

Do emprego sucessivo dos intervalos alterados por sustenidos ou bemóis provem a escala cromática que procede sempre por semitonos, e que se escreve de duas maneiras.

ESCALA CROMÁTICA ascendente e descendente.
Produzida por sustenidos.

A MESMA por bemóis.

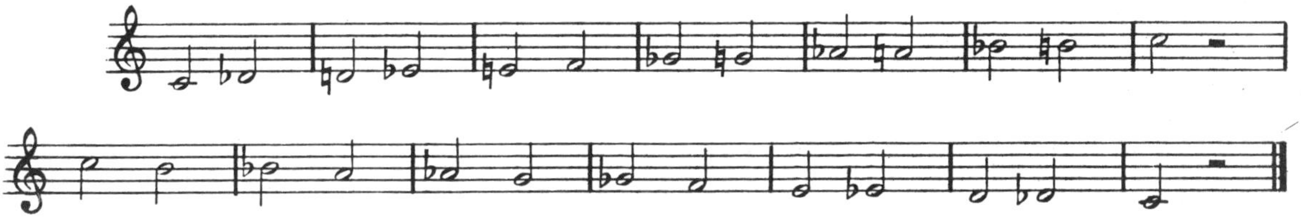

(*) Lição sobre os INTERVALOS ALTERADOS.

Nº 63

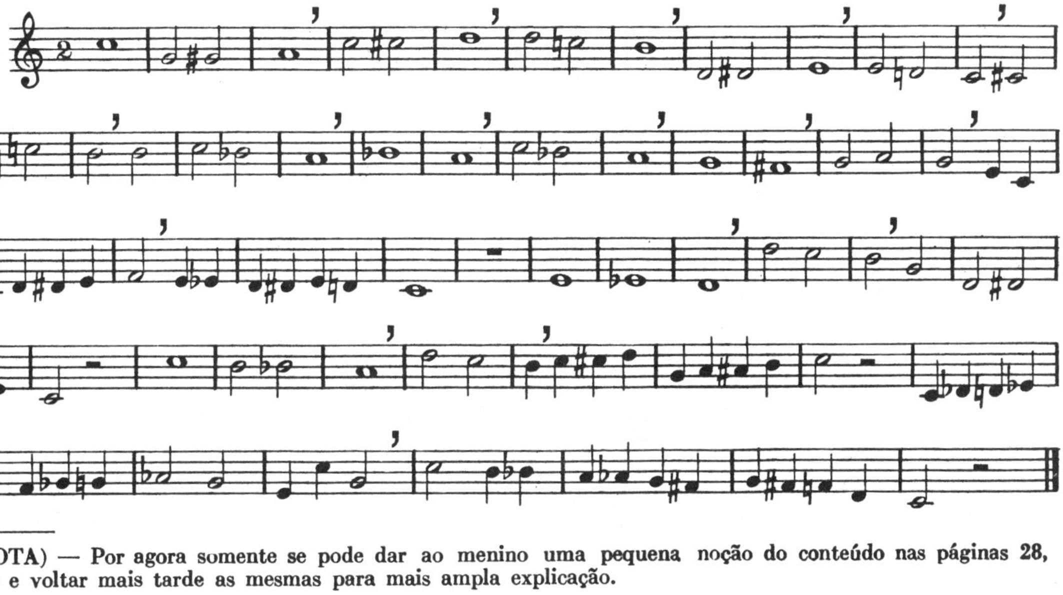

(NOTA) — Por agora somente se pode dar ao menino uma pequena noção do conteúdo nas páginas 28, 29 e 30 e voltar mais tarde as mesmas para mais ampla explicação.

(*) V. G. Form. pág. 38.

(1) DOS MODOS.

Há dois: o *modo maior*, com 3.ª maior, composta de dois tonos, e o *modo menor*, com 3.ª menor, composta de tono e meio.

Na *escala maior* (que como a *menor* se pode fazer em todos os tons) os dois semitonos encontram-se sempre da 3.ª a 4.ª e da 7.ª a 8.ª; esta última é repetição da 1.ª ou tônica.

(N. B.) As notas essenciais de cada escala vão indicadas por uma estrela. ★

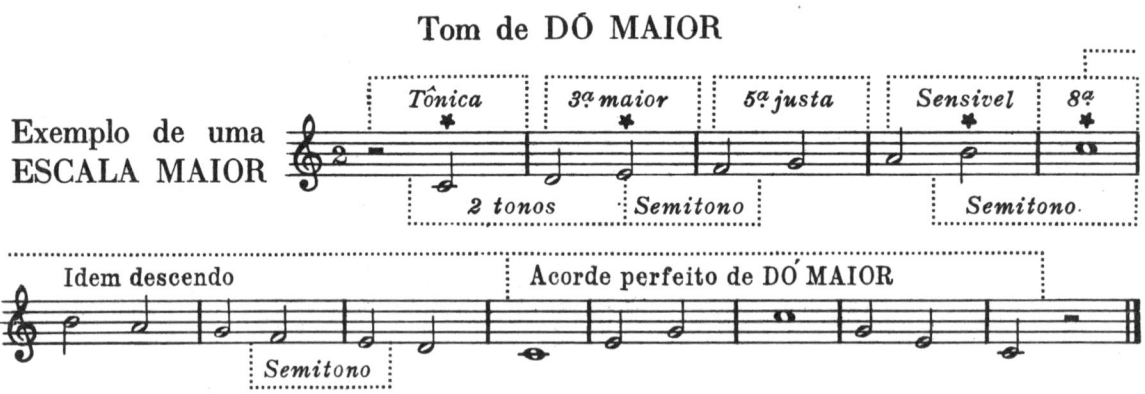

Na *escala menor*, acha-se o 1.º semitono da segunda à terceira nota; quando a *escala desce*, à 7.ª, ou nota sensível, abate-se um semitono. Também está em uso na *escala menor ascendente* elevar a 6.ª formando um intervalo de tono da 5.ª à 6.ª afim de evitar o intervalo de Segunda aumentada da 6.ª a 7.ª nota, de difícil entoação e de efeito muito rude para o ouvido.

Tom de LA MENOR.

---

(1) Algumas escalas devem ser consideradas somente como exemplos, pois que não podem ser cantadas por serem muito altas ou muito baixas.

É essencial que o discípulo adquira o hábito de familiarisar o seu ouvido com a escala e o acorde perfeito do *tom* que vai cantar; por isso convido os professores a precederem sempre o estudo de cada lição de solfejo pela escala e o acorde perfeito do tom da mesma lição, segundo os modelos acima indicados.

Lição em LA MENOR com entoações dispositivas. (1)

DAS SÍNCOPAS.

Assim se chama a prolongação de um som sobre o *tempo forte* (que produz mais efeito) e que se acha cortado pelo bater do compasso.

A síncopa ordinária se compõe de dois valores iguais. Na síncopa irregular ou partida o segundo valor é inferior ao primeiro.

---

(1) Classificamos assim uma lição composta dos intervalos naturais da escala do acorde perfeito, e da nota sensível do tom indicado na clave, e na qual a repetição frequente da TÔNICA possa acostumar o ouvido do aluno a tomar facilmente as entoações de que ela constitui a base.

(2) O SINAL DE REPETIÇÃO 𝄋 indica repetir a música desde outro sinal igual.

⌒ PONTO D'ORGÃO ou FERMATA; indica pequena demora sobre a nota ou pausa em que ela se acha.

MANEIRA DE CONHECER O TOM DE UMA PEÇA.

Pode ele ser conhecido pelo número de acidentes que se acham na clave ou pela ausência destes sinais alterantes.

Estes sinais indicam sempre dois *tons:* um maior e outro menor, que tem a sua tônica uma 3.ª abaixo do maior.

EXEMPLO COM SUSTENIDOS.

EXEMPLO COM BEMÓIS.

Quando não há sustenido ou bemol junto à clave, o tom é de *Dó* maior ou seu relativo *La* menor. Se há sustenidos a tônica do tom maior está sempre uma 2.ª menor acima do último sustenido, e se há bemois, está uma 4.ª justa abaixo ou uma 5.ª justa acima do último bemol.

Para se conhecer em qual dos dois modos se acha a peça, procura-se a 5.ª do modo maior; se esta quinta se apresentar insistentemente alterada de meio tom ascendente é porque o tom está no relativo menor, pois que, a 5.ª alterada pelo acidente ocorrente, é justamente a nota sensível do tom menor.

EXEMPLO:

Esta regra é a mesma para os tons de bemóis. Finalmente a última nota do baixo de uma peça é invariavelmente a tônica.

Escala em SOL Maior.

Lição em SOL *maior* com entoações dispositivas.

(*) Redução da precedente.

Para conhecer o compasso de $\frac{2}{4}$ do qual o valor das notas é menor do que o do compasso a quatro tempos, ele marca-se a dois tempos.

(*) V. G. Form. pág. 43.

(*) DOS MOVIMENTOS.

Entende-se por movimento o grau de Andamento que se dá ao compasso. Divide-se ele em três classes principais:

1.ª = MOVIMENTOS LENTOS.

Grave	Grave e severo.
Largo	Largo e muito lento.
Larghetto	Um pouco menos lento.
Lento sostenuto	Lento e sustentado.
Adagio	Lento com nobreza.
Cantabile	Um pouco menos lento.

2.ª = MOVIMENTOS MODERADOS.

Andantino	Diminutivo de *Andante*.
Siciliano	O mesmo, com rítmo mais marcado.
Maestosa	Magestoso
Grazioso	Com graça.
Andante	Marcado e moderado.
Allegretto ou All.tto	Um pouco mais vivo que o *Andante*.
Tempo giusto	Movimento conveniente à peça.
Tempo di marcia	Movimento de marcha.
Moderato	Movimento moderado.

3.ª = MOVIMENTOS VIVOS.

Allegro ou All.º ma non troppo ...	Menos vivo que o *Allegro*.
Allegro ou All.º	Movimento vivo, mas que pode ser acelerado, juntando-se as palavras: *assai: vivace: molto e con moto*.
Presto	Vivo.
Prestissimo	Muito vivo.

Há ainda indicações de movimento, como sejam: *Agitato* (agitado); *piú mosso* (mais vivo); *con brio* (com animo); *scherzando* (bricando), etc.

Encontram-se também os termos *ad libitum, a piacere* (á vontade) *colla parte, colla voce* (seguindo a voz), *a tempo* (a tempo), etc.

(*) V. G. Form. pág. 50.

ESCALA em *Mi menor* tom relativo de *Sol maior*.

Acorde perfeito de MI MENOR

Lição em *Mi Menor* com entoações dispositivas.

Nº 83

DIVERSAS COMBINAÇÕES DE SÍNCOPAS
Síncopas em Mínimas e Semínimas.

Nº 84

Redução da precedente, em Semínimas e Colcheias.

Nº 85

Nº 86

Lição em FA *maior* com entoações dispositivas

Nº 89

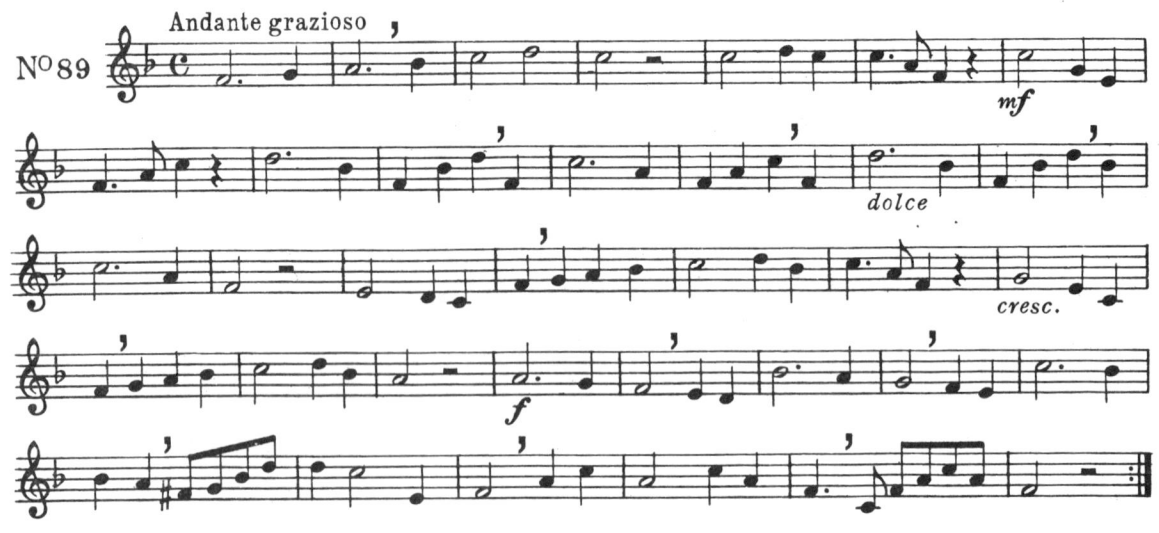

DIVERSAS COMBINAÇÕES DE PAUSAS

Lição para observar a pausa de Semínima no 1.º e no 4.º tempos.

Nº 90

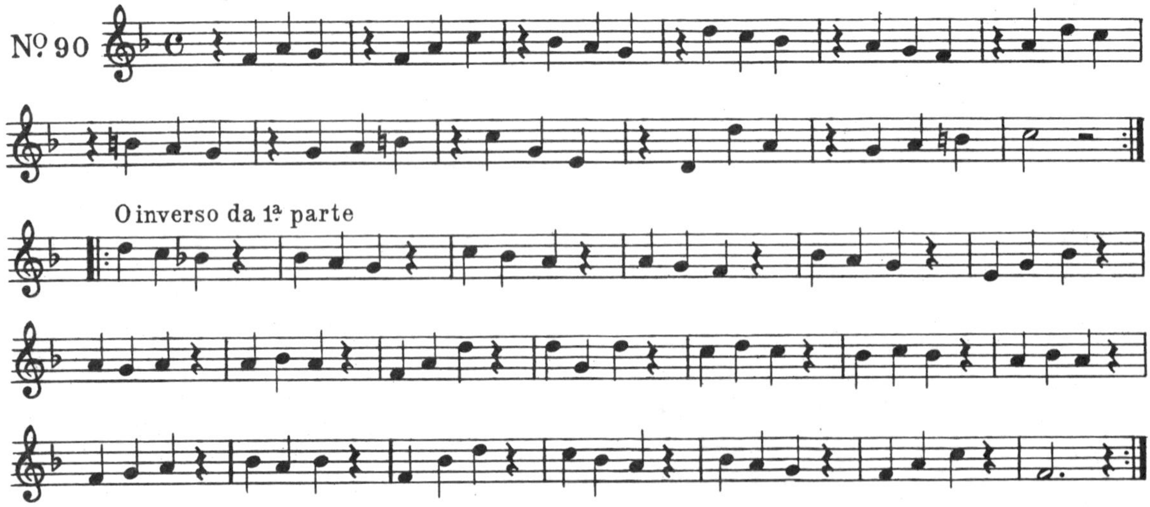

Redução da precedente.

Para observar a pausa de Colcheia no princípio ou no fim dos tempos.

Nº 91

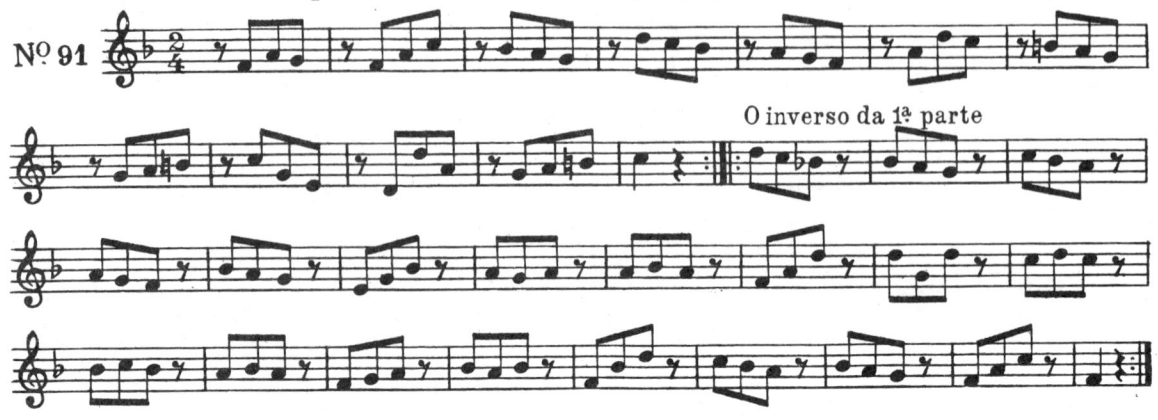

N.º 92 — Allº. ma non troppo

O inverso da 1ª parte

N.º 93 — Redução da precedente

O inverso da 1ª parte

RECAPITULAÇÃO das PAUSAS desde o N.º 90.

N.º 94

DO COLORIDO OU EXPRESSÃO.

Entende-se por colorido o grau de força que se dá ao som, constituindo por este meio a expressão musical, sem a qual a música seria um amontoado de notas; é, pois, muito conveniente acostumar o discípulo a apreciar os efeitos do *piano* ou do *forte*, isto é, dos sons fracos ou fortes.

Estes efeitos são indicados pelas seguintes palavras italianas:

Piano ou *dolce*, e por abreviatura	*p* ou *dol*.	Suave.
Pianissimo	*pp*	Muito suave.
Crescendo ou	*cresc*.	Aumentando.
Decrescendo ou	*decresc*.	Diminuindo.
⌒⌒ ou	*cresc. e dim*.	Crescendo e diminuindo.
Mezzo forte ou	*mez* ou *m*.	Meio forte.
Forte	*f*	Forte.
Fortissimo	*ff*	Muito forte.
Sforzando ou *Rinforzando*	*rinf*...*sf*	Aumentando o som.
Smorzando ou *Calando*		Diminuindo o som

(*) V. G. Form. pág. 58.

Escala em RE menor, relativo de FA maior.

Nº 95 — Lição em RE menor com entoações dispositivas. Allegro maestoso

Nº 96 — Allegro maestoso

Nº 97 — Redução da precedente

PAUSAS PONTUADAS.

As pausas representam o valor das notas, e portanto podem igualmente ser pontuadas; sirva de exemplo a seguinte lição:

Nº 98 — Andante

DAS QUIÁLTERAS.

Chamam-se assim três notas de igual valor, que são executadas no mesmo espaço de tempo, em que se executam duas da mesma espécie. Marca-se com o número 3 ou 6, quando as colchéias ou semicolchéias se encontram com este número.

Uma pausa junto a duas notas equivalentes, também forma quiáltera.

EXEMPLOS. VALORES EQUIVALENTES

Nº 99 — Andante

(*) O BRAÇO [ou } serve para reunir duas ou mais pautas, para serem lidas como se fossem uma só.

Uma pausa de colcheia e duas colcheias formando três quiálteras para cada tempo.

Nº 100

Nº 101 Moderato
dolce

Lição para executar colcheias simples alternadas com Quiálteras.

Nº 102 Allegretto
dolce

a tempo

Recapitulação das QUIÁLTERAS desde o N.º 99.

N.º 103 — Lento — *dolce* — *mf* — *f*

COMPASSO BINÁRIO : 4 colcheias para cada tempo.

N.º 104 — Moderato

Redução da precedente

BINÁRIO de 2/4 ; 4 semicolcheias para cada tempo.

N.º 105 — Andante

N.º 106 — Allegretto assai — *p*

Alguma vez a música começa pelo 2.º, 3.º ou 4.º tempo.

Na seguinte lição a música começa no segundo, se o compasso for marcado como Binário, ou no 3.º se for marcado como Quaternário.

N.º 111 Allegretto

O inverso da 1.ª parte

Recapitulação das Semicolcheias desde o N.º 105.

N.º 112 Andante

ESCALA de RE maior, dois sustenidos na clave.

| Tônica | 3.ª maior | 5.ª justa | Sensivel | 8.ª |

2 tonos — semitono — semitono

Idem descendo — semitono

Acorde perfeito de RE MAIOR

Lição em RE maior, com entoações dispositivas.

Nº 113 [Allº maestoso] *mf*

[dolce]

RONDOLETTO.

Nº 114 [Allegretto] *p*

COMPASSO DE SEIS POR OITO.

O compasso simples de $\frac{2}{4}$ empregado nas precedentes lições, produz o compasso de $\frac{6}{8}$, que se marca igualmente a dois tempos; ele só difere em ter um ponto junto às Mínimas e Semínimas; e todavia não aumenta o valor que estas notas tem no compasso $\frac{2}{4}$.

EXEMPLOS.
OS MESMOS
VALORES.

O compasso de $\frac{6}{8}$ contém seis oitavos de uma Semibreve, isto é, seis colcheias. O N.º 114 produz o mesmo efeito do N.º 115, posto que o rítmo do 3.º compasso: não seja o mesmo que este:

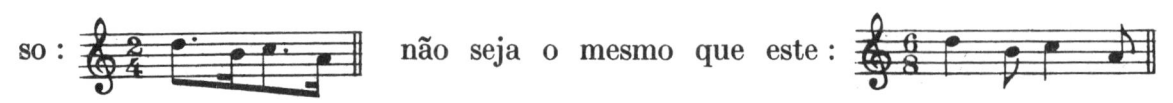

Os seguintes exercícios farão conhecer o rítmo e as principais combinações dos valores do compasso: $\frac{6}{8}$.

RONDOLETTO

Nº 115 — Allegretto

DIVERSAS COMBINAÇÕES de valores no compasso de 6/8

Uma Semínima pontuada para cada tempo.

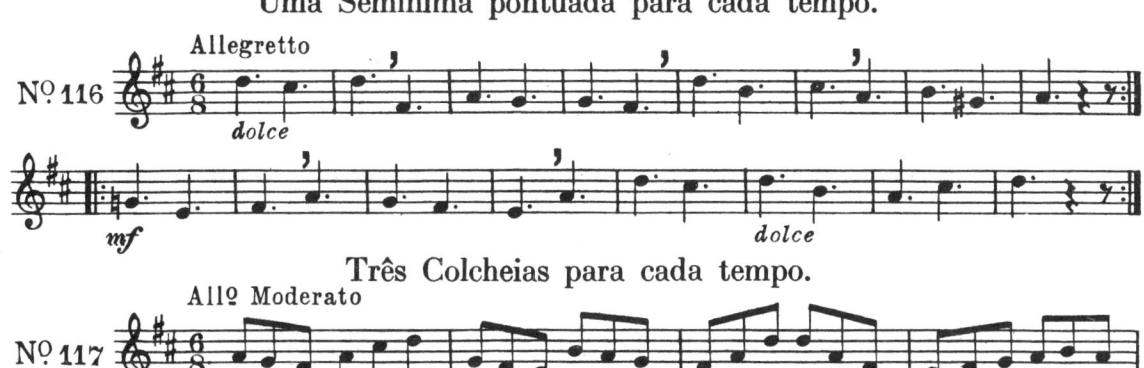

Nº 116 — Allegretto — *dolce* — *mf* — *dolce*

Três Colcheias para cada tempo.

Nº 117 — Allº Moderato

Uma Semínima e uma Colcheia para cada tempo.

Nº 118 — Moderato

Uma Semínima e duas Semicolchéias para cada tempo.

Nº 119 — Moderato — *f* — *Fim* — O inverso da 1ª parte — *p*

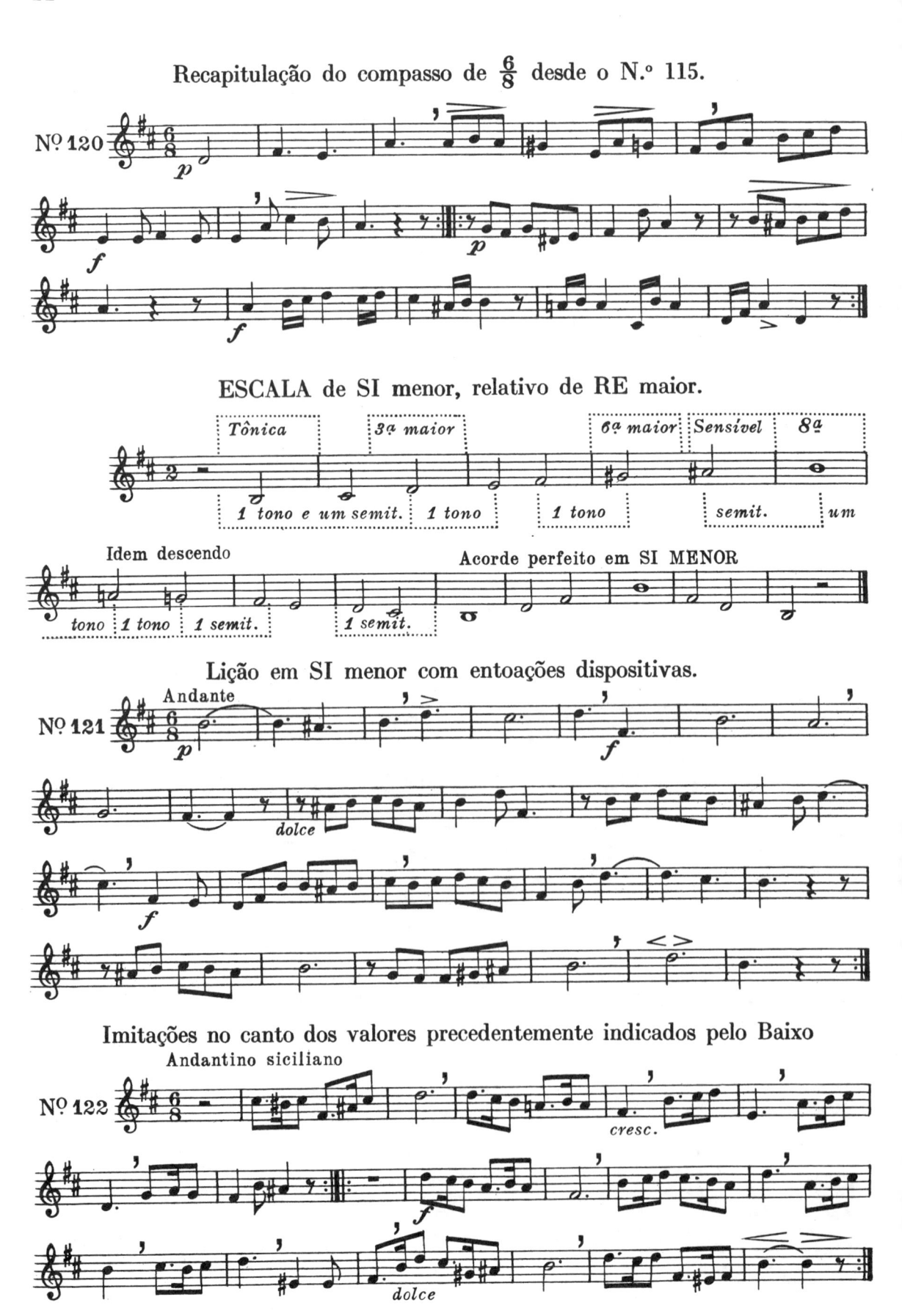

Recapitulação do compasso de 6/8 desde o N.º 115.

Nº 120

ESCALA de SI menor, relativo de RE maior.

| Tônica | | 3ª maior | | | 6ª maior | Sensível | 8ª |

1 tono e um semit. | 1 tono | 1 tono | semit. | um

Idem descendo   Acorde perfeito em SI MENOR

tono | 1 tono | 1 semit. | 1 semit.

Lição em SI menor com entoações dispositivas.

Nº 121 — Andante

dolce

Imitações no canto dos valores precedentemente indicados pelo Baixo

Nº 122 — Andantino siciliano

cresc.

dolce

2.ª Recapitulação do compasso de 6/8.

N.º 123 *Andantino*

Escala de SI bemol maior com 2 bemóis na clave.

N.º 124

| Tônica | 3ª maior | 5ª justa | Sensível | 8ª |

2 tonos — semit. — semit.

Idem descendo

Acorde perfeito de SI BEMOL MAIOR

Lição em SI bemol maior com entoações dispositivas

N.º 125 *All⁰ non troppo* — *mezzo f*

COMPASSO TERNÁRIO

Este compasso, indica-se muitas vezes por $\frac{3}{4}$, porque contém três quartas partes da semibreve; isto é, três semínimas. Os valores e o modo de marcá-lo são os mesmos. Somente observaremos o uso de indicá-lo por um-3-nos movimentos lentos e por $\frac{3}{4}$ nos andamentos vivos. Seus principais valores são para todo o compasso: uma Mínima pontuada, ou três Semínimas, ou três Colcheias, etc.

Diversas combinações de valores de notas e pausas no compasso Ternário.

UMA MÍNIMA PONTUADA PARA TODO O COMPASSO:

N.º 126 *Andante* — *dolce*

Uma Mínima e uma Semínima para cada tempo.

Nº 126

Resumo das duas precedentes lições.

Nº 127

Uma Semínima ou duas colcheias para cada tempo.

Nº 128

Duas colcheias para cada tempo

Uma Semínima pontuada e uma colcheia para os dois primeiros tempos.

Nº 129

Três quiálteras para cada tempo: (em colcheias)

Nº 130

RECAPITULAÇÃO do compasso Ternário desde o N.º 125.

N.º 131

ESCALA de SOL menor, relativo de SI ♭ maior.

Tônica		3ª maior			6ª maior	Sensível	8ª
1 tono e 1 semit.		1 tono		1 tono		1 semit.	um

Idem descendo

Acorde perfeito de SOL MENOR

tono | 1 tono | 1 semit. | 1 semit.

Lição em SOL menor com entoações dispositivas.

N.º 132

Andante mosso

Nº 133

Andante sostenuto

Nº 134

Allegretto

Nº 135

2.ª Recapitulação do compasso Ternário desde o N.º 123.

Nº 136 — Andante — *dolce*

DOS ORNAMENTOS.

São pequenas notas ou notas de gosto que se ajuntam aos valores ordinários do compasso, e dos quais não fazem parte; pertence este estudo mais à *vocalização* do que ao Solfejo. Os ornamentos só tem lugar na Melodia e não se cantam no solfejo, mas entoam-se com o nome da nota a que pertencem. Há três espécies principais:

1.º) A *Appogiatura* (♩) que vale metade da nota.

EXEMPLO — Subindo, sempre é semitono — Descendo, um tono ou semitono — Junto a nota pontuada vale 2 terços da mesma

EXECUÇÃO

2.º) O *Grupetto* (∞) que compõe-se de três pequenas notas, formando uma 3.ª menor ou diminuta.

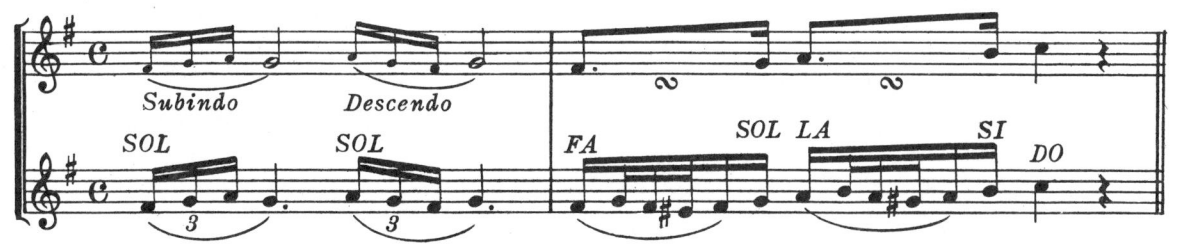

Subindo — Descendo — FA — SOL LA — SI DO
SOL — SOL

3.º) O *Trinato*, (tr) que se pode preparar e terminar de diversos modos.

LIÇÃO SOBRE AS APPOGIATURAS.

Sobre os GRUPETOS de diversas espécies e sobre os TRINADOS.

ESCALA de LA Maior com três Sustenidos na Clave.

Idem descendo
Acorde perfeito de LA MAIOR

Lição em LA Maior com entoações dispositivas.

Nº 138 — Allº moderato

RONDOLETTO

Nº 139 — Andante grazioso

Nº 140 — Andante con moto

Redução da lição precedente para conhecer o compasso de $\frac{3}{8}$, três por oito, assim chamado, por conter três oitavas partes da Semibreve, isto é, três colcheias para cada compasso, uma para cada tempo; é pois metade do compasso de $\frac{6}{8}$. Os principais valores são: uma Semínima pontuada para todo o compasso, ou uma Semínima e uma colcheia, ou três colcheias, ou seis Semicolcheias, etc.

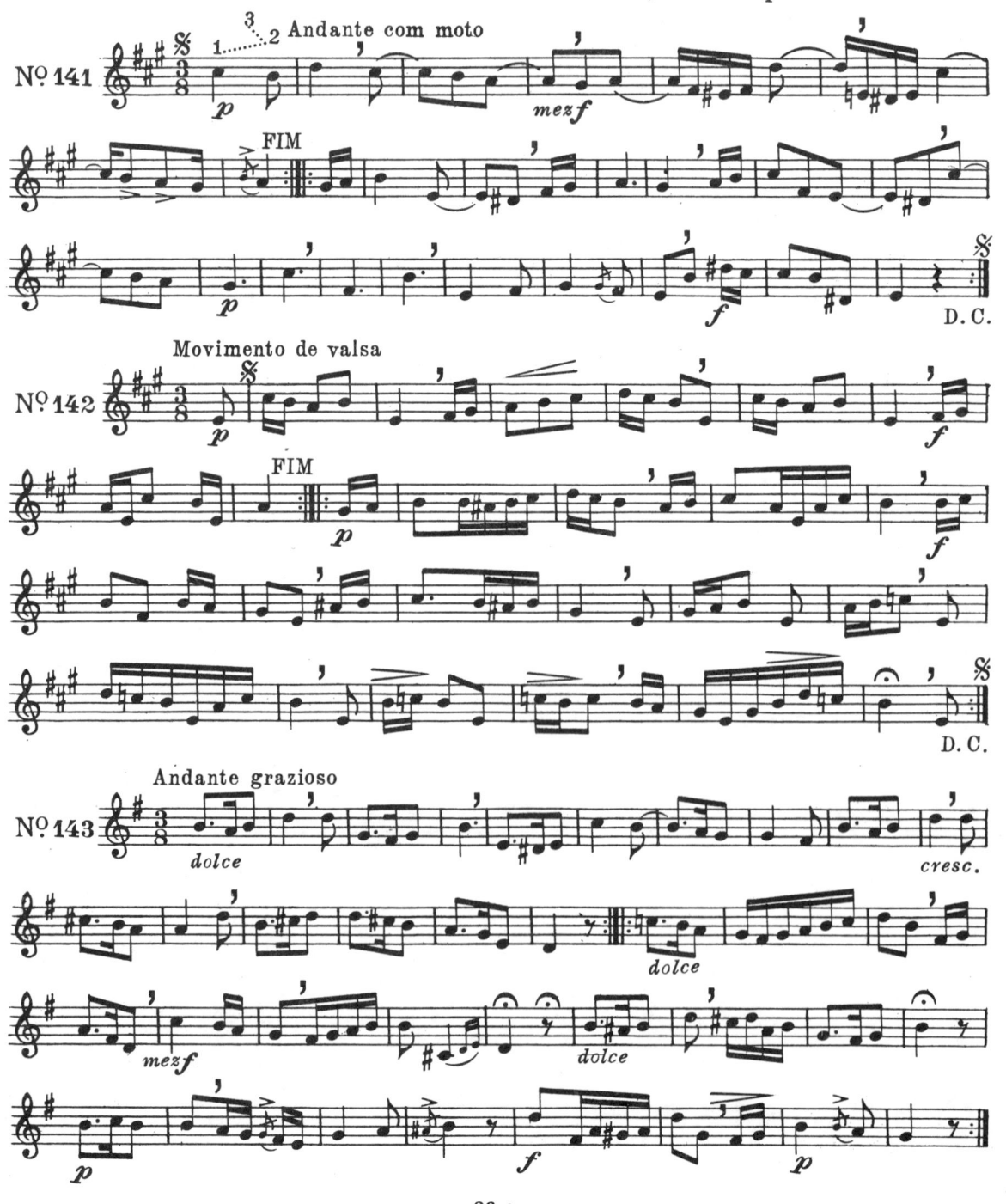

COMPASSO DE TRÊS POR OITO, a 3 tempos.

ESCALA de FA ♯ menor, relativo de LA maior.

Idem descendo   Acorde perfeito de **FA♯ MENOR**

Lição em FA ♯ menor com entoações dispositivas.

Nº 144 Larghetto
dolce   *mezf*   *p*

Nº 145 Allegretto
p   *cresc.*   *f*   *p*

ESCALA de MI♭ maior

Idem descendo   **Acorde perfeito de MI♭ MAIOR**

Lição em MI♭ maior com entoações dispositivas

Nº 146 — Andante

Nº 147 — Tempo di marcia

Nº 148 — Tempo di polaca

ESCALA de DÓ menor, relativo de MI ♭ maior.

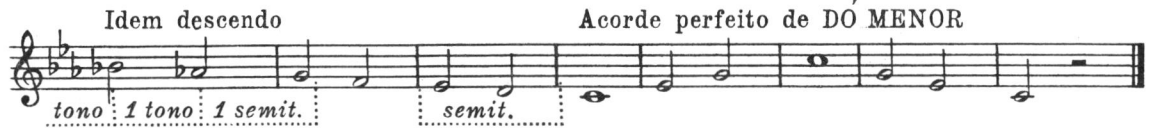

Lição em DÓ menor, com entoações dispositivas.

Nº 149

RONDOLETTO.

Tempo di marcia
Nº 152
f
f
ff
FIM
MAIOR
p
f
D.C.

Andante cantabile
Nº 153
dolce
f
p
f
ritard.
a tempo
p
f
p
p

IMITAÇÕES NA MELODIA

No estudo da harmonia, chama-se *imitação* à reprodução de uma frase ou membro de frase d'um canto, ou seja repetindo-o exatamente em uma outra parte ou sòmente imitando o seu desenho ou valor de notas.

Na MELODIA encontram-se frequentes imitações, que são como uma resposta a um primeiro membro de frase musical e que se percebe muitas vezes depois de ouvir aquele, pela razão de que formam uma consequência natural.

É importante que no estudo do solfejo, o professor faça observar, ao aluno todas as frases que contém estas imitações melódicas. As reflexões que fizer ao aluno sobre elas, desenvolverão a sua intuição musical e que muito contribuirão para um progresso proveitoso, pois que na rapidez da leitura vocal ou instrumental, há muitas passagens que não podem ser analisadas e que é preciso adivinhar pelo instinto musical.

Nº 154

EXERCÍCIO SOBRE FUSAS (*)

Nº 155

(*) A palavra FUSAS poderia a primeira vista, assustar o jovem discípulo, se o movimento dado à **peça** fosse vivo, mas nesta lição o estilo exige um movimento LENTO e por isso a execução das FUSAS é mais fácil do que as colcheias em um andamento alegre.

COMPASSO DE DOZE POR OITO, a 4 tempos.

Chama-se assim por conter doze oitavas partes da Semibreve, isto é, doze Colcheias. É, quanto aos valores, uma redução da metade do compasso de doze por quatro. Também pode ser considerado como o duplo do compasso de seis por oito, porém que se marca a quatro tempos. É preciso pois para cada tempo uma Semínima pontuada ou três Colcheias, etc.

IMITAÇÕES, indicando no baixo os principais valores deste compasso.

Nº 156

COMPASSO DE NOVE POR OITO.

Assim chamado, porque contém nove oitavas partes da Semibreve ou nove Colcheias. Marca-se a três tempos. Note-se que cada tempo deste compasso é exatamente semelhante a um tempo do compasso de seis por oito, e porisso cada um dos seus tempos deve ter uma Semínima pontuada, ou uma Semínima e uma Colcheia ou três Colcheias, ou seis Semicolcheias, etc.

DA CLAVE DE FA NA 4.ª LINHA.

Os cantos escritos nesta clave estão, relativamente ao seu efeito, uma oitava mais baixa do que se estivessem escritos na clave de Sol.

EXEMPLO:

O mesmo canto na clave de FA.

LA DÓ SI LA SOL LA SI DÓ RE DÓ SI SOL DÓ

Efeito real deste canto.

Vê-se também por este exemplo, que o nome das notas na clave de *Fa* é o mesmo que o das notas na clave de *Sol*, uma 3.ª acima; assim, o *Dó* na clave de *Sol*, torna-se *Mi* na clave de *Fa*, o *Re* torna-se *Fa*, etc.

Para maior facilidade do discípulo, seguirei em todos os exercícios da leitura na clave de *Fa*, o método já empregado para conhecer a clave de Sol.

Nas cinco linhas da pauta.

SOL SI RE FA LA

Exercicio destas cinco notas.

Nos quatro espaços da pauta.

LA DÓ MI SOL

Exercício destas quatro notas.

Exercício sobre as linhas e espaços naturais.

Nos espaços e linhas abaixo da pauta.

FA MI RE DÓ SI

Exercício sobre as mesmas.

Nos espaços e linhas acima da pauta.

SI DO RE MI FA

Exercício sobre as mesmas

Exercicio para conhecer todas as notas da clave de FA.

Lição para ler as notas na clave de FA, 4.ª linha.

Nº 159 Andante *mf* ... *p*

Nº 160 Andante *p* ... *f* ... *p*

ARIA DE CAÇA

Nº 161 — Allegro

Nº 162 — Movimento de Valsa

Nº 163 — Tempo de Marcia

MANEIRA DE ESCREVER A MUSICA OU DE DITÁ-LA.

A arte de notar uma peça de música que se ouve, que se recorda ter ouvido ou que se compõe com idéias próprias, chama-se MUSICOGRAFIA.

Este objeto deve ser somente ensinado pelo professor, que encontrará os meios indicados no grande formato destes Solfejos, onde estão claramente desenvolvidos.

IMPRESSO EM DEZEMBRO/2011